DES

MACHINES-OUTILS

SAINT-NICOLAS, PRÈS NANCY. — IMP. DE P. TRENEL.

PUBLICATIONS INDUSTRIELLES DE E. LACROIX

DES

MACHINES-OUTILS

LEUR IMPORTANCE, LEUR UTILITÉ

PROGRÈS APPORTÉS DANS LEUR FABRICATION

CONSTATÉS PAR

L'Exposition universelle de Londres en 1862

Par J. CHRÉTIEN

INGÉNIEUR CIVIL

Texte accompagné de 3 planches grand in-folio

PRIX : 3 francs

PARIS

LIBRAIRIE SCIENTIFIQUE, INDUSTRIELLE ET AGRICOLE

EUGÈNE LACROIX, ÉDITEUR

LIBRAIRE DE LA SOCIÉTÉ DES INGÉNIEURS CIVILS

Quai Malaquais, 15

1863

1863

DES
MACHINES-OUTILS

LEUR IMPORTANCE, LEUR UTILITÉ

PROGRÈS APPORTÉS DANS LEUR FABRICATION

CONSTATÉS PAR

L'Exposition universelle de Londres en 1862

Les machines-outils ont formé, au point de vue mécanique, la partie la plus saillante et la plus intéressante de cette Exposition. La perfection dans la combinaison des mouvements et des divers organes, aussi bien que celle avec laquelle elles étaient exécutées, ont donné la mesure des progrès réalisés depuis peu d'années dans cette importante classe de machines. Grâce à l'heureuse rapidité avec laquelle les bonnes choses se propagent aujourd'hui, on peut dire qu'il se trouvait fort peu de machines entièrement nouvelles parmi cette immense collection ; mais si l'on veut les comparer dans leur ensemble avec celles qui ont figuré aux grandes Expositions qui ont précédé celle-ci, on constatera que de grands progrès ont été accomplis, et qu'au point de vue de la facilité dans l'emploi, de la perfection et de la rapidité avec lesquelles le travail est exécuté, les machines actuelles sont bien supérieures aux autres.

Sans doute, cette différence n'apparaît point tout d'abord aussi grande à l'observateur pressé, qui n'accorde point à chacun des spécimens qu'il examine, une attention assez longue pour bien lui faire saisir toutes les particularités de ces machines, et ce n'est qu'après un examen minutieux et attentif qu'on peut établir un jugement éclairé. De là résulte naturellement la divergence des opinions qui se sont produites ; de ce qu'elles n'ont vu que des tours, des machines à raboter, etc., certaines personnes ont conclu qu'il n'y avait là rien de nouveau, et ont éprouvé une certaine déception dans leur attente. Mais s'il est vrai qu'un tour est toujours un tour, qu'une machine à percer est encore une machine à percer, etc., il n'en est pas moins vrai qu'il y a dans les mêmes espèces des différences très-importantes, et que celles qui exécutent un travail donné, le plus vite, le plus économiquement et avec le plus de perfection, sont bien supérieures aux autres, quelle que soit, d'ailleurs, la similitude qui existe entre elles. Considérées à ce dernier point de vue surtout, les machines dont nous parlons présentent donc le plus haut degré d'intérêt, bien que les modèles entièrement nouveaux se présentent dans une proportion assez restreinte.

Un fait qui a dû frapper tout d'abord, et qui porte avec lui son enseignement comme précisant une tendance générale, acceptée par les meilleurs constructeurs, est celui de la grande stabilité avec laquelle toutes ces machines sont établies, stabilité obtenue par l'emploi d'organes d'une grande puissance, à la fois volumineux et simples dans leur construction. Cette grande stabilité des machines, ainsi établies, se traduit, dans le travail, par une puissance considérable, des mouvements précis, et la suppression aussi complète que possible des vibrations qui font brouter les outils, d'où résulte naturellement un travail plus parfait.

Un autre fait, non moins général et non moins saillant, est celui de la complète automaticité de presque toutes ces machines, obtenue au moyen d'organes qui, en général,

sont relativement peu volumineux et peu compliqués, de
telle sorte que toutes, ou au moins le plus grand nombre
des opérations pour lesquelles une machine a été combinée,
peuvent s'effectuer mécaniquement, dès que l'ouvrier a
convenablement disposé et réglé la position des organes ; le
travail le plus minutieux ne demandant alors qu'une sur-
veillance assez rare et quelquefois insignifiante de la part
de l'ouvrier.

C'est dans la section anglaise principalement, qu'on a pu
remarquer la place importante qu'occupent les machines-
outils dans l'industrie mécanique, aussi bien que l'excellence de leur combinaison et de leur construction ; cela tient
évidemment à ce qu'en Angleterre, le travail des ateliers
s'effectue presque entièrement par des machines spéciales.
Le rôle de l'ouvrier se trouvant ainsi placé en seconde ligne,
les machines ont dû se multiplier et se transformer selon
les exigences du travail ; de là, les perfectionnements
qu'elles présentent. La section française ne possédait qu'un
nombre si restreint de ces machines, qu'il serait impossible
d'établir une comparaison entre elles et celles qui précèdent ; tandis que dans la section allemande, il s'en trouvait
un nombre relativement considérable, et tel qu'on peut
dire, qu'elle eût rivalisé avec la section anglaise, si l'espace
alloué aux exposants eût été aussi vaste. Comme types et
comme construction, les machines de M. R. Hartmann et
de M. Zimmermann, à Chemnitz (Saxe), ne diffèrent, d'ailleurs, presque en rien de ceux des constructeurs anglais ;
ce qui s'explique, du reste, par la facilité qu'ils possèdent
de pouvoir copier librement les modèles des meilleures machines qu'ils achètent en Angleterre, sans être gênés par la
législation sur les brevets d'invention. Il résulte de cet état
de choses, que les constructeurs que nous venons de nom-
mer ont un avantage considérable sur les constructeurs
anglais ou français, celui de pouvoir livrer les mêmes ma-

chines à un prix bien inférieur, attendu que chez eux, la main-d'œuvre coûte beaucoup moins cher.

Nous aurions désiré pouvoir donner dans cette notice la description exacte avec les dessins bien complets de toutes les machines qui présentent un intérêt réel, et demanderaient une mention détaillée toute spéciale ; mais le peu d'espace qui nous est accordé, nous empêche de nous étendre assez longuement ; ce qui rendra ce travail plus aride et aussi plus difficile. Si, cependant, parmi les machines que nous ne ferons que mentionner, il s'en trouvait qui intéressassent nos collègues, nous nous ferions un plaisir de communiquer des renseignements plus détaillés, ainsi que les prix, à ceux qui voudront bien s'adresser à nous.

Nous allons maintenant examiner, aussi rapidement que possible, les divers genres de machines—outils plus particulièrement appliqués au travail des métaux.

Marteaux-pilons.

Les marteaux-pilons peuvent être classés en deux catégories bien distinctes : 1° ceux dits à simple action, dans lesquels la vapeur agit seulement en dessous du piston pour relever le marteau, qui retombe par son propre poids, et dont la puissance est proportionnelle à ce poids et à la hauteur de chute ; 2° ceux dits à double action, dans lesquels la vapeur agit alternativement en dessous du piston pour relever le marteau, puis en dessus pour augmenter la puissance d'action, par la force vive qu'elle lui communique. Chacune de ces deux catégories comporte un grand nombre de systèmes différents, qui peuvent être disposés pour manœuvrer, soit à la main, soit automatiquement.

Marteaux-pilons à simple effet.

M. Nasmyth, constructeur à Manchester, a exposé deux marteaux-pilons de ce genre, différant peu, quant à l'aspect général, de ceux qu'il construit depuis un assez grand nombre d'années, et dont le type s'est le plus répandu en France. Mais ici, il a supprimé l'appareil, du reste, trop compliqué, qu'il adaptait souvent aux précédents, pour en rendre la manœuvre complétement automatique. La distribution de vapeur s'effectue par un tiroir ordinaire, qui est manœuvré par un levier, sur lequel agit le pilonnier; et afin de prévenir les accidents qui pourraient résulter de l'inexpérience ou de l'inattention de celui-ci, le constructeur a disposé sur l'un de ses marteaux, une touche qui, lorsqu'il arrive au haut de sa course, agit sur une camme qui fait mouvoir le levier, et empêche le marteau de venir frapper sur le fond du cylindre ou sur le presse-étoupe de la tige du piston.

Dans un autre pilon, ce constructeur a employé une touche d'une forme différente, agissant sur un galet qui fait manœuvrer le levier de distribution, à l'instar de la camme dont nous venons de parler. Ces dispositions, très-simples, sont certainement préférables aux tampons qui sont encore actuellement employés dans beaucoup de forges, pour atténuer le choc du marteau contre le soubassement du cylindre. Nous signalons cette disposition comme pouvant facilement s'adapter aux marteaux-pilons existants, ou rien de semblable n'est employé.

Un autre marteau-pilon, à simple action, mérite d'être signalé; nous voulons parler de celui à cylindre frappant, système Condie. Il se compose de deux bâtis supportant un entablement, au milieu duquel la tige du piston est fixée par une articulation à rotule, dans laquelle s'effectue la distribution de vapeur. La tige de ce piston étant creuse, sert à la fois à l'introduction et à l'échappement de la vapeur, qui est distribuée au moyen d'un système de soupapes équilibrées, qui sont manœuvrées par un levier, fontionnant, soit à la main, soit automatiquement. Le cylindre qui est guidé par les côtés du bâti, porte directement le marteau frappant et se meut verticalement; le piston restant fixe. Si l'on introduit la vapeur au-dessus du piston, le cylindre se soulève, puis il retombe, lorsqu'on ouvre à l'échappement, la capacité d'abord occupée par la vapeur. Le marteau agit par son propre poids; cependant, comme l'air contenu dans la partie inférieure du cylindre ne peut s'échapper, quand celui-ci parcourt la dernière période de sa course ascendante, il en résulte une compression qui, au moment de la chute du marteau, réagit comme un ressort et vient augmenter l'action du coup.

La tige du piston est articulée à rotule, afin de prévenir les chances de rupture qui se présentent, chaque fois que le cylindre n'agit pas parfaitement dans l'axe de cette tige, et sur une surface normale à cet axe, ce qui produit forcément une tendance à la déviation, dont l'effet pourrait par fois occasionner cette rupture. Bien qu'ici le mouvement soit donné à la main, le marteau porte, comme celui de M. Nasmyth, une camme qui arrête les écarts de course qui pourraient se produire. D'autres pilons, du même système, sont construits pour fonctionner d'une manière complétement automatique.

Ces marteaux, qui sont surtout avantageux pour le puddlage du fer, se sont récemment répandus en assez grand nombre ; mais ils n'ont pas dépassé, en puissance, le poids de deux ou trois tonnes. Cependant, il vient d'en être construit un dont le poids mort du marteau seul est de sept tonnes, et on en construit d'autres en ce moment, dans lesquels la vapeur agira à double action, et dont la puissance conséquemment pourra être quadruplée, sans en augmenter le poids.

Les marteaux-pilons à cylindre frappant présentent, en général, sur ceux à cylindre fixe, l'avantage d'être moins volumineux à puissances égales, et conséquemment moins

coûteux ; ils donnent une entière garantie contre les accidents qui arrivent parfois, lorsque la tige du piston se casse,
ce qui est un inconvénient très-grave, surtout dans ceux à
simple effet, où ces tiges se font généralement aussi petites
que possible. Mais, quoique fonctionnant très-bien, lorsqu'ils
sont en bon état, les ébranlements produits par des chocs
intenses, et souvent en dehors du centre d'action du marteau, sont autant de causes d'altérations, qui doivent rapidement altérer le bon état des parties en mouvement, et
faire qu'ils ne soient pas d'une longue durée, ou tout au
moins nécessiter un entretien minutieux et des réparations
trop fréquentes.

Marteaux-pilons à double action.

La série des marteaux-pilons agissant avec vapeur en
dessous et en dessus du piston, est plus variée et beaucoup
plus intéressante que la précédente ; tous sont disposés
pour fonctionner automatiquement et répondent, en général, de la manière la plus satisfaisante, aux diverses exigences du travail. Comme système, ils ont sur les précédents deux avantages indiscutables et d'une importance
capitale : d'une part, à puissances égales, leur masse est
beaucoup moindre, et, par suite, le prix d'achat bien inférieur ; de l'autre, ils donnent une économie de vapeur
souvent considérable. On peut aussi les faire fonctionner
avec une vitesse beaucoup plus grande, avantage très-important pour le travail de l'acier, notamment, et les travaux de petite forge. Ils sont appelés à remplacer complétement les marteaux à simple action, qui n'ont plus leur
raison d'être aujourd'hui, et la tendance bien accusée par
les constructeurs en général, ne laisse aucun doute à cet
égard. Nous signalerons seulement ceux qui nous ont semblé les meilleurs et les plus intéressants, chacun d'eux

ayant ses avantages qui, dans certains cas particuliers, le rend préférable à d'autres, meilleurs dans des circonstances différentes. Nous ne disons point quel est, à notre avis, celui qui doit l'emporter sur les autres dans le plus grand nombre des cas.

On peut néanmoins placer en première ligne les marteaux-pilons du système Righby, construits par MM. Glen et Ross, à Glasgow, comme étant les plus simples dans leur construction, et produisant en même temps la plus grande économie de vapeur. C'est, du reste, avec des pilons de ce genre qu'ont été forgées les plus grosses pièces qui ont figuré à l'Exposition, et ce sont aussi les plus puissants, qui aient été construits jusqu'ici.

Leur trait caractéristique consiste surtout en ce que la vapeur, après avoir agi en dessous du piston, passe, lorsque celui-ci arrive à la partie supérieure de sa course, dans la partie supérieure du cylindre, de sorte qu'elle agit à la fois sur les deux faces du piston ; mais comme là face supérieure a une surface beaucoup plus grande que la face inférieure, il en résulte une différence d'action qui augmente considérablement l'intensité du coup. La même vapeur qui a servi à soulever le marteau, sert donc aussi à lui communiquer un surcroît de force vive pendant sa chute. Il y a donc détente produite pendant tout le temps de la chute, lorsqu'on a introduit à pleine pression pendant tout le temps de la levée, et cette détente devient d'autant plus grande que l'introduction a eu lieu pendant une plus faible fraction de la levée. C'est pour ainsi dire une application du principe de Woolf, où la vapeur, après avoir produit son travail dans un petit cylindre, passe dans un autre plus grand, pour agir sur un piston d'une surface plus grande, et nous savons que c'est là une des meilleures conditions pour le bon fonctionnement d'une machine considérée au point de vue du rendement de la vapeur.

Le cylindre est, comme dans les autres systèmes, monté sur un bâti à un seul ou à deux jambages, selon les puissances ; la distribution de vapeur s'effectue dans un petit cylindre placé verticalement à côté du grand, et dans lequel se meut un piston fonctionnant à la manière des tiroirs ordinaires, pour couvrir ou découvrir les orifices d'introduction ou d'échappement. Ce tiroir à piston est conduit par un levier à main sur lequel vient agir une touche placée sur le marteau, lorsque celui-ci arrive à la limite supérieure de sa course, afin d'éviter la possibilité d'accidents, ainsi que nous l'avons déjà dit.

Le marteau-pilon, exposé par M. Morison, constructeur à Newcastle-upon-Tyne, est celui qui, au premier aspect, semble être le plus simple et fonctionner le plus régulièrement. Sous ce dernier point de vue, en effet, il ne laisse rien à désirer ; et l'idée de régler la distribution de vapeur par un levier, dont l'un des bras est une coulisse que commande un galet monté à l'extrémité même de la tige du piston, est des plus heureuses. La puissance du coup que l'on peut obtenir, peut être considérable, comme dans la plupart des marteaux de ce genre ; mais il est à regretter qu'il ne donne pas la même économie de vapeur que le précédent.

La distribution de vapeur est le trait le plus caractéristique de cette machine, dont voici, du reste, la description aussi claire qu'il nous est possible de la faire sans le secours du dessin.

Un fort bâti à un seul jambage porte, en avant et à sa partie supérieure, le cylindre à vapeur, solidement relié par des boulons ; la partie de ce bâti sur laquelle est fixé le cylindre, forme la boîte à vapeur et porte des orifices analogues à ceux des cylindres à vapeur ordinaires, lesquels correspondent aux extrémités du cylindre. Ces orifices sont alternativement couverts et découverts, selon le fonctionnement du piston ; par un tiroir qui est lui-même le siége d'un autre tiroir ; de sorte que, selon la position qui est donnée à ces deux tiroirs l'un par rapport à l'autre, on peut introduire ou échapper plus ou moins, et à des hauteurs variables de la course du piston. Ceci expliqué, disons comment ce fonctionnement a lieu. Le piston, ainsi que nous l'avons dit, porte à l'extrémité supérieure de sa tige, un galet qui est engagé dans la coulisse, et qui, en montant ou en descendant, fait osciller ce levier, dont l'autre extrémité conduit le siége du premier tiroir. La courbe de la coulisse est déterminée pour qu'à des chemins égaux parcourus par le piston, correspondent des chemins égaux parcourus par le siége, et les orifices de celui-ci étant découverts par le premier tiroir, il distribuera la vapeur d'une manière parfaitement régulière et constante pour chaque course, de sorte que le mouvement sera à la fois automatique et mathématiquement régulier. D'un autre côté, le premier tiroir que l'on manœuvre à la main peut occuper des positions diverses, et, selon ces positions, admettre la vapeur dans le siége à des hauteurs et pendant une durée que l'on règle avec la plus grande facilité. Donc, on obtient, d'une part, un mouvement régulier et automatique, et, de l'autre, on règle la hauteur de levée ou de chute du marteau. En troisième lieu, on règle l'arrivée de vapeur par un autre petit tiroir, de manière à ne la laisser arriver qu'en quantité proportionnelle à la vitesse que l'on veut laisser prendre au marteau.

Au point de vue de l'emploi, il est à regretter que la forme du bâti, que l'on pourrait facilement changer, d'ailleurs, ne permette pas au pilonnier de suivre le travail du marteau, tout en ayant les leviers commodément placés à la portée de sa main, quoiqu'en général, dans les pilons à action automatique, le pilonnier ait plutôt à obéir à la voix du forgeron qu'à guider les coups par lui-même.

Les marteaux-pilons du système Naylor présentent également les conditions de puissance et de bon fonctionnement qui caractérisent les précédents ; mais ils sont un peu plus compliqués. Ceux exposés par les forges de Kirkstall, près Leeds, et surtout celui exposé par la maison Varrall Elwell et Poulot, de Paris, sont très-remarquables. Nous donnons, pl. 1, le dessin de ce dernier ; en voici la description sommaire :

La vapeur arrive dans la boîte de distribution par un robinet valve qui sert à la fois à admettre la vapeur et à régler la vitesse de levée du marteau ; à la plus grande ouverture de la valve correspond la plus grande vitesse, et cette vitesse se rapproche d'autant plus de son minimum que l'orifice découvert pour le passage de la vapeur est plus petit. En passant par l'ouverture de cette valve, la vapeur arrive dans le petit cylindre de distribution ou elle agit également sur les deux faces des pistons, qui agissent ainsi comme des tiroirs équilibrés. Selon la manœuvre de ces pistons de distribution, la vapeur entre, soit en dessous, soit en dessus du piston principal, ou s'échappe, comme le fonctionnement l'exige. Les orifices de distribution étant très-grands, pour permettre de marcher à de grandes vitesses, on a placé sur la tige des pistons de distribution une manette qui masque plus ou moins ces orifices, selon qu'on la tourne plus ou moins à la main pour marcher à des vitesses réduites.

La manœuvre automatique des tiroirs est produite par l'action du galet que porte le marteau, lorsqu'il vient agir sur les cammes ; celles-ci étant poussées reculent d'une certaine quantité et font osciller le levier avec lequel elles sont articulées ; l'axe de ce dernier, portant le levier accouplé avec la tige des tiroirs, le mouvement automatique se produit.

Ce marteau-pilon peut aussi agir à simple action, et il

suffit pour cela de tourner la tige du piston de distribution, de manière à fermer entièrement l'orifice supérieur à l'introduction. On peut donc faire varier la vitesse et la puissance de ce marteau dans les plus grandes limites. La hauteur de levée, comme celle de chute du marteau, sont réglées par la position des cammes que l'on fait monter ou descendre par des leviers à main.

Les marteaux-pilons exposés par MM. Thwaïtes et Carbutt, de Bradfort, et celui exposé par MM. Carrett, Marshall et Cie, de Leeds, méritent également d'être signalés ; ils ne diffèrent des précédents que dans des dispositions de détails que nous ne pouvons indiquer ici.

Celui de MM. Farcot et fils, de Saint-Ouen, qui fonctionne au moyen de l'action simultanée de la vapeur, à des pressions différentes, sur les deux faces du piston, est assez généralement répandu en France dans les publications industrielles, pour qu'il ne soit point utile d'entrer ici dans de plus grands détails.

M. Imray, de Londres, a exposé un pilon qui diffère de ceux que nous venons de passer en revue, principalement par la disposition adoptée pour supporter et régler la hauteur de l'enclume. La chabotte, qui fait corps avec le bâti lui-même, forme le cylindre d'une presse hydraulique, dont le piston, d'un très-grand diamètre, supporte l'enclume. Il résulte de là que l'on peut, avec la plus grande facilité, faire monter ou descendre à volonté cette enclume ; il suffit pour cela d'ouvrir un robinet qui amène dans le corps de presse l'eau d'un réservoir placé à une certaine hauteur, lorsqu'on veut monter, tandis que l'orsqu'on veut descendre, on ouvre, au contraire, le robinet d'échappement, afin de faire écouler une certaine quantité d'eau. Dans la coutellerie, la fabrication des ressorts et le travail des petites pièces d'acier, cette disposition est extrêmement avantageuse.

Une autre particularité de ce pilon consiste dans la distribution de vapeur qui s'effectue par un robinet à plusieurs eaux, de manière à obtenir, selon les diverses positions qu'il occupe, tous les modes d'action possibles de la vapeur sur les faces du piston ; mais comme cela arrive toujours, lorsque l'on veut faire servir un même organe à un trop grand nombre de fins, il devient compliqué et parfois fonctionne mal ; c'est là un écueil à éviter.

Un autre pilon à enclume hydraulique a été exposé par M. Schwartzkopff, de Berlin, et diffère beaucoup du précédent. Le piston qui porte le marteau est à mouvement complétement automatique, et à course constante ; la vapeur agit alternativement en dessous et en dessus du piston et est distribuée par un tiroir sans pression ; enfin, le réglage de l'enclume est produit par l'action équilibrée de deux pistons de presse hydraulique, de sorte qu'en agissant sur l'un d'eux, au moyen d'un levier, on peut facilement élever ou abaisser l'autre, sur lequel est montée l'enclume ; on rend ensuite leur position fixe, en serrant une vis qui empêche le levier de quitter la position qui lui a été donnée.

Parmi les divers marteaux-pilons, de petites grandeurs, spécialement destinés aux travaux de petite forge et de fabrications spéciales, notamment pour le travail de l'acier, celui qui nous a semblé le plus intéressant et fonctionner le mieux est celui exposé par M. Eastwood, de Derby. Il est complétement automatique, et la distribution de vapeur se fait par un levier dont l'une des extrémités conduit le tiroir, tandis que l'autre porte un galet engagé dans une rainure inclinée, pratiquée dans le marteau même, le mouvement du marteau produit donc directement la distribution de vapeur. On règle la vitesse et la course au moyen d'un seul robinet, de sorte qu'on le manœuvre avec la plus grande facilité ; il est entièrement construit en acier fondu, trèspetit et extrêmement solide ; la course du marteau est de

30 à 40 centimètres, et il peut donner jusqu'à 700 coups par minute ; ce sont là des conditions des plus favorables pour le genre de travail pour lequel il a été établi.

Enfin, pour terminer cette série déjà longue, nous mentionnerons le marteau-pilon exposé par M. Rhodes, de Wakefield. Il est à cylindre frappant et très-heureusement combiné ; la distribution est rendue complétement automatique par un moyen aussi simple qu'ingénieux, et son fonctionnement est excellent.

Nous ne citerons que pour mémoire le marteau-pilon à air comprimé, exposé par M. W. Cowan, de Greenwich, qui, dans des circonstances assez variées, remplit les mêmes conditions que les pilons à vapeur, et avec plus d'économie.

Machine à faire les rivets.

La seule machine à faire les rivets, qui ait figuré à l'Exposition, est celle de MM. de Bergue et Cie, de Manchester, dont toutes les machines, que nous aurons occasion de signaler, méritent une mention spéciale, autant par leur étonnante simplicité que par la combinaison parfaite avec laquelle elles sont établies ; elles portent en outre un cachet de solidité tel, qu'on est d'abord frappé de trouver à la fois réunies, tant de simplicité, de force et de facilité dans l'emploi.

La machine à faire les rivets, dont ils s'agit, semble être un type qui ne laisse rien à désirer pour une machine de ce genre. Elle diffère entièrement, en principe comme en construction, de tout ce qui a été fait jusqu'ici ; le trait le plus caractéristique est le mouvement de rotation continu, dont sont animées les principales pièces en mouvement : l'étampe et les matrices dans lesquelles se font les rivets ; celles-ci, au nombre de 8, sont montées sur le pourtour d'un disque, calé à l'extrémité d'un arbre placé horizontalement et animé d'un mouvement de rotation continu, tandis que l'étampe ou bouterolle qui a pour fonction d'écraser le fer sur les matrices, pour former les têtes de rivets, est fixée sur une bielle en fonte conduite par l'excentrique d'un second arbre horizontal. Le rapport des engrenages qui commandent ces deux arbres étant de 1 à 8, l'excentrique fait faire à la bielle 8 courses par révolution du disque, et l'étampe vient se présenter 8 fois successivement en présence des matrices du disque, et à chaque fois forme un rivet.

Au moment où l'étampe commence à agir sur le fer placé dans la matrice, l'excentrique est très-près de la fin de sa course, et comme l'extrémité de la bielle est guidée de manière à ce qu'en ce moment l'étampe se meuve dans la direction du rayon du disque, il arrive que pendant le temps employé à refouler la tête du rivet, la matrice et l'étampe sont animées de mouvements de rotation différents, mais tellement combinés, que les axes en présence marchent presque en ligne droite, en se rapprochant d'abord, puis ensuite en s'éloignant ; dans ces conditions, l'action s'est produite comme s'il n'y avait eu qu'un mouvement rectiligne de l'étampe, la matrice restant fixe. Dans l'intérieur du disque se trouve un excentrique disposé pour arrêter le buttoir qui retient le rivet, quand l'écrasement se produit, et qui ensuite sert à pousser ce même buttoir, qui chasse le rivet au moment même où l'étampe se retire.

L'action de cette machine étant d'une puissance considérable, quelle que soit la force du bâti et des pièces en mouvement, la rupture de quelque partie serait inévitable dans les cas accidentels, où un morceau de fer froid, un rivet trop fort, ou même un outil se trouverait interposé entre la matrice et l'étampe. Pour prévenir la possibilité d'un pareil accident, l'étampe butte sur une tige de fonte, dont la résistance connue est inférieure à celle des pièces qui

pourraient se briser ; de cette manière, quand une inter-
position de ce genre a lieu, la tige de fonte se brise et
peut être facilement remplacée.

La cisaille qui doit couper à la longueur voulue les barres
de fer rouge qui servent à faire les rivets, est simplement
formée par un levier, dont l'une des extrémités porte la
lame, et l'autre un galet qui porte sur une camme double,
faisant partie de l'arbre qui conduit la bielle de l'étampe.
Par la disposition adoptée, il est très-facile de couper les
rivets à une longueur précise et toujours constante ; la
cisaille donnant deux coups pour un rivet fait, l'on a tout
le temps nécessaire pour le changement des barres, et les
morceaux coupés tombant à la portée de celui qui doit les
placer dans les matrices, toute perte de temps est ainsi
évitée autant que possible.

La continuité des mouvements et l'excellence des dispositions adoptées, produisent certainement le maximum
d'économie de temps possible, tandis que la simplicité de
la machine elle-même la rend fort peu coûteuse. Celle qui
a figuré à l'Exposition peut faire de 32 à 36 rivets, de 25
millimètres de diamètre, par minute, en marchant à une
vitesse moyenne ; mais on pourrait certainement dépasser
ce nombre de beaucoup, en la faisant marcher à une plus
grande vitesse pour des rivets plus petits.

Machines à river.

Quoique les machines à river soient très-répandues en
Angleterre, il n'y en a pourtant que deux qui aient figuré à
l'Exposition. Cela tient, sans doute, à ce qu'en dehors des
machines généralement employées pour le rivetage des
poutres en fer, chaque atelier préfère avoir une forme de
machine spécialement adoptée pour le travail qui fait sa
spécialité, et les constructeurs se trouvent souvent conduits
à établir eux-mêmes ces machines pour leur propre usage.

Celle qui a été exposée par la maison de Bergue et Cie mérite assurément d'être placée au premier rang parmi celles qui sont connues jusqu'ici. Elle se compose d'un bâti en fonte extrêmement solide, portant en avant un mamelon qui supporte la buttée du rivage ; au milieu, le guide du plongeur qui conduit la bouterolle, et à l'arrière, les divers organes du mouvement. Le mouvement est communiqué par une courroie à une poulie fixe qui le transmet par l'intermédiaire de deux couples d'engrenages, à un arbre horizontal, dont l'une des extrémités est excentrée de manière à communiquer un mouvement de va-et-vient suffisant, à une bielle très-courte, qui est articulée avec le fourreau du plongeur qui porte la bouterolle. Ce fourreau est une pièce de fonte cylindrique ajustée dans le guide qui fait corps avec le bâti, de manière à glisser librement et sans jeu ; intérieurement, il reçoit un autre petit cylindre en fer qui est le plongeur à l'extrémité duquel se place la bouterolle ; au moyen d'une calle que l'on manœuvre à la main, et qui se retire ou vient s'interposer entre le plongeur et le fond du fourreau, de manière à former buttée pendant l'action, lorsqu'elle est avancée, ou à permettre au plongeur de se mouvoir librement, lorsqu'elle est retirée ; on arrive à pouvoir facilement suspendre, d'une manière instantanée, l'action de la machine, sans être dans la nécessité d'arrêter le mouvement. La bouterolle opposée est placée à l'extrémité d'une forte vis, dont l'écrou est fixé au bâti, et qui sert à régler la distance que l'on veut avoir entre les deux bouterolles.

Cette machine est aussi garantie contre les chances de ruptures, qui pourraient provenir de la présence accidentelle d'un rivet froid, d'une barre de fer, etc., par un arrêt de motion et se trouve ainsi satisfaire très-heureusement à toutes les exigences.

La seconde machine de ce genre est celle exposée par

MM. **Cook** et Cie, de Glasgow, et fonctionne directement par la vapeur. Elle se compose d'un fort bâti en fonte, à l'une des extrémités duquel se trouve placé le cylindre moteur, tandis que le buttoir est placé à l'extrémité opposée, et la boutterolle mobile au milieu. Le piston à vapeur est à fourreau, il reçoit la vapeur en dessous pour pousser la bouterolle, et lorsqu'il s'agit de la ramener, la vapeur agit en dessus sur une surface très-faible par rapport à la surface inférieure. Au fond du fourreau est attachée une bielle, dont l'autre bout est articulé avec l'extrémité d'un levier très-fort, et dont l'œil oscille autour d'un axe qui le relie au bas ; cet œil agit comme un excentrique pour pousser le plongeur qui porte la bouterolle, lorsque le levier s'élève par l'action du piston, et la ramène au moyen d'un collier d'excentrique, lorsqu'il redescend. La distribution de vapeur et, par suite, la marche de la machine se produit par un levier à main ; mais comme il est indispensable que la pression de la bouterolle ne s'exerce pas trop loin, on en limite la course par un système de leviers que l'on règle à volonté et qui produisent automatiquement l'échappement de la vapeur, lorsque le piston atteint la limite de sa course.

Les mêmes constructeurs font des machines du même modèle, qui portent, en outre, des excentriques à chacune des extrémités de l'axe du levier ; ces excentriques conduisant des glissoires auxquelles on fixe d'un côté un porte-poinçon et de l'autre une cisaille, font de cette machine une machine à river, à cisailler et à poinçonner fort peu compliquée.

Machines à cisailler et à poinçonner.

Parmi les machines de ce genre, nous placerons encore au premier rang celles exposées par MM. de Bergue et Cie ; l'une d'elles est d'une très-grande dimension et a été établie pour percer des trous de 40 millimètres dans des fers de 40 millimètres d'épaisseur ; elle fonctionne par l'action directe d'une petite machine à vapeur adaptée sur l'un des côtés de son bâti, laquelle machine à vapeur a pour effet de faire tourner, par l'intermédiaire de deux couples d'engrenages, un arbre qui porte un excentrique dans son milieu, lequel excentrique agit sur la principale pièce en mouvement de toute la machine, celle qui porte le poinçon et la cisaille.

Le bâti de cette machine est formé de deux pièces symétriques d'un très-bon effet, et suffisamment robustes pour assurer à l'ensemble de la machine une très-grande stabilité. La pièce principale, que l'on peut appeler le balancier, est articulée vers la partie inférieure du bâti, et oscille autour de cet axe par l'action de l'excentrique, dont nous avons parlé, lequel est placé à la partie supérieure ; la cisaille et le porte-poinçon sont fixés, chacun d'un côté, sur les bras de ce balancier, dont l'oscillation très-faible suffit pour donner à ces outils la course nécessaire ; cette pièce est, non-seulement très-solide, mais encore très-lourde, deux conditions essentielles pour obtenir un bon fonctionnement, car la rupture des poinçons est très-souvent occasionnée par les vibrations de la pièce qui les porte.

Le point capital de cette machine est le mode d'action du balancier, si différent de ce qui a été fait jusqu'ici. Par la disposition que nous venons d'indiquer, la résistance des frottements est considérablement diminuée ; d'une part, parce que l'angle d'oscillation étant très-petit, le frottement du tourillon absorbe peu de travail, et, de l'autre, parce qu'au moment du travail, tout le poids du balancier tend à se porter sur le poinçon, et décharge, par conséquent, le tourillon qui peut, dans certains cas, ne donner qu'un frottement insignifiant. Cette particularité mérite d'autant plus d'être signalée, qu'elle tend à faire faire le balancier très-lourd, et que, pour de grands efforts de poinçonnement ou de cisaillement, les résistances sont d'autant moins grandes que cette pièce est plus pesante, la machine fatigue d'autant moins, et, enfin, on a moins à redouter la rupture des poinçons. Quant au frottement produit par l'action de l'excentrique sur le balancier, il n'est pas très-considérable, car l'effort nécessaire pour produire la simple oscillation n'est pas très-grand, et celui qui se produit par la résistance opposée à l'outil, n'a lieu que pendant une portion très-faible de la course.

On objectera peut-être que le poinçon et la cisaille sont animés d'un mouvement circulaire, tandis que, dans ces cas, le mouvement rectiligne est seul convenable. C'est là une objection qui perd toute sa valeur, lorsqu'on considère l'effet qui peut résulter pratiquement de la différence qui existe entre la ligne droite mathématique, et la demi-flèche d'un arc de cercle, dont le rayon est d'environ un mètre, et la corde égale seulement à l'épaisseur du fer à cisailler ou à poinçonner. Évidemment, le jeu qui se produit dans les guides et les glissières des machines ordinaires, dépasse souvent, et même de beaucoup, cet écart d'action.

Une autre particularité nous reste à signaler dans cette intéressante machine : c'est la disposition à la fois simple et heureuse, qui permet à l'ouvrier d'arrêter presque instantanément l'action du poinçon, lorsqu'il ne se présente pas exactement là où le trou doit être percé, ou qu'un arrêt dans le travail doit avoir lieu. Entre le dessous du balancier et le porte-poinçon est placée une calle qui porte une poignée extérieure, au moyen de laquelle on engage cette calle sous le poinçon pour la faire agir comme buttée de celui-ci ; ou bien, si on la dégage, le poinçon se meut librement et rentre dans son guide chaque fois qu'un obstacle l'empêche de descendre librement. Enfin, un pointeur disposé dans un support spécial qui ne gêne point l'ouvrier, peut très-facilement s'adapter à cette machine, de manière à faciliter le centrage des pièces à poinçonner.

Nous citerons comme machines de modèles différents exposés par la même maison, et reposant sur le même principe : une petite machine à poinçonner et à cisailler, et une machine à couper les cornières; l'une et l'autre recevant leur mouvement au moyen de poulies.

Une machine à cisailler et à poinçonner recevant son mouvement par l'action directe d'une machine à vapeur spéciale, et munie d'un appareil diviseur pour l'avance régulière et automatique des pièces à poinçonner, a été exposée par M. Nasmyth. Nous ne signalerons, de cette machine, que le principe appliqué pour faire avancer le chariot sur lequel on place les pièces à poinçonner. L'arbre moteur porte un excentrique spécial qui communique, par l'intermédiaire d'un système de leviers, un mouvement de va-et-vient à un cliquet spécial, et le fait avancer d'une quantité déterminée par la position relative de ces leviers, à chaque course de poinçon ; ce cliquet embrasse toute la largeur du banc sur lequel roule le chariot, et est fixé à celui-ci; il agit sur une crémaillère formée par une barre en fonte sur laquelle on a placé, à des distances égales, une série de petites dents cylindriques en fer, de sorte qu'à chaque mouvement du cliquet, la résistance qu'il éprouve par la dent vers laquelle il butte, le fait avancer de la quantité qui correspond à son mouvement. Afin d'obtenir avec une même crémaillère un écartement variable pour les trous à percer, on peut incliner cette pièce plus ou moins, de manière à augmenter ou à diminuer la distance d'une dent à l'autre, mesurée dans le sens de l'axe du chariot. On évite ainsi un tracé souvent long et peu exact pour les pièces à poinçonner.

Nous mentionnerons, comme étant des machines très-remarquables, mais dont les systèmes sont plus généralement connus, les belles machines de Whitworth, Sharp Stewart et Fairbairn ; ce sont à peu près les mêmes modèles qui ont déjà paru à l'Exposition de 1855, à part quelques modifications de détails que nous ne pouvons indiquer ici.

M. Fairbairn, de Manchester, avait exposé une petite cisaille circulaire avec bâti en fonte montée sur roues, parfaitement appropriée pour couper des tôles allant jusqu'à 6 ou 7 millimètres d'épaisseur. Le moyeu employé pour régler l'écartement des disques est surtout très-ingénieux ; nous en retrouverons d'analogues que nous décrirons en parlant des machines de M. R. Hartmann.

Enfin, nous parlerons d'un petit modèle de cisaille circulaire par M. Tussaud, de Paris, établie pour couper des tôles minces, et surtout remarquable par la longueur de sa portée, qui permet de couper des tôles très-grandes et très-larges. Elle est montée sur un banc en bois, et reçoit son mouvement par une manivelle, et est d'un prix extrêmement réduit. Si cette machine n'a pas la prétention d'entrer en parallèle avec celles qui précèdent, elle est du moins basée sur une idée extrêmement ingénieuse, d'une extrême simplicité, et peut rendre de grands services, surtout dans les petits ateliers.

Machines à percer.

Les machines à percer sont celles qui ont figuré à l'Exposition en plus grand nombre, et sous les formes et les proportions les plus variées. Ayant été de tout temps les plus répandues, et, pour ainsi dire, de première nécessité, le degré de perfection qu'elles ont acquis laisse peu à désirer ; aussi, quelle que soit la différence qui existe entre tel ou tel système, on peut dire que, parmi celles des bons constructeurs, chacune a ses avantages et l'emporte presque toujours sur les autres pour le travail spécial auquel elle a été destinée. Nous allons passer rapidement en revue quelques-uns des principaux systèmes.

Machines radiales.

Parmi les machines de ce genre, celle qui nous a paru la plus intéressante est celle de M. R. Hartmann. Elle se compose d'un bâti fixe à colonne, disposé pour recevoir à sa partie supérieure le banc radial sur lequel se meut le chariot du porte-outil; à sa partie inférieure, les poulies, le cône et le débrayage, qui servent à communiquer le mouvement, et en avant le plateau mobile sur lequel on fixe les pièces à percer. Le mouvement pris sur l'arbre du cône est transmis par deux pignons d'angle à un arbre vertical placé dans l'axe de la colonne, de sorte que l'axe de cet arbre, étant aussi l'axe de radiation du banc, les deux pignons d'angle qui transmettent le mouvement de cet arbre vertical à l'arbre horizontal du banc, sont toujours en contact, quelle que soit d'ailleurs la position de celui-ci. L'arbre porte-outil reçoit son mouvement de rotation de l'arbre horizontal du banc radial, au moyen de deux pignons d'angle, et son mouvement de translation verticale par une crémaillère sur laquelle agit un petit pignon, qui est commandé à la main ou automatiquement, au moyen d'un système d'encliquetage agissant sur un engrenage à vis sans fin.

En outre de ce qui vient d'être dit, nous signalerons deux points importants. Le premier consiste dans le mode d'assemblage du foret avec la tête de l'arbre porte-outil, assemblage employé, du reste, dans toutes les machines à percer de ce constructeur. La tête du foret est légèrement conique et ajustée dans la douille du porte-outil; au moyen d'un écrou taraudé sur la partie extérieure de la douille, on serre la tête du foret dans cette douille, de telle façon que l'outil se place exactement dans l'axe de l'arbre, sans déviation possible, et tourne parfaitement rond; de plus, cette disposition a l'avantage de ne pas altérer les têtes de forets, ni le trou du porte-outil. Ce dernier inconvénient, qui se présente dans presque tous les autres modes d'assemblage, dès que la machine a fonctionné pendant un certain temps, est toujours accompagné d'une difficulté de centrage plus ou moins grande et d'une défectuosité dans le travail.

Le second point est la disposition adoptée pour le plateau qui reçoit les pièces à percer. Il est composé de deux tables : l'une horizontale, et l'autre verticale placée latéralement ; chacune d'elles est munie de rainures qui donnent la plus grande facilité pour pouvoir placer les pièces à percer, de quelques formes qu'elles soient ; de plus, ce plateau peut se mouvoir verticalement au moyen d'un petit volant, dont l'arbre porte un pignon agissant sur une crémaillère fixe avec le bâti. Tous les mouvements de cette machine peuvent être rendus automatiques, et, malgré les conditions très-diverses auxquelles elle peut satisfaire, elle n'en reste pas moins peu compliquée et d'un aspect extrêmement simple.

Une autre machine d'une grande analogie avec la précédente, quoique moins heureusement disposée, a été exposée par M. W. Fairbairn, à Manchester ; on en trouvera la description, ainsi que celle des autres machines sur lesquelles nous ne nous étendrons pas pour ce motif, dans l'intéressant article publié sur les machines-outils par M. Tresca, dans les Annales du Conservatoire des arts et métiers.

Les machines radiales du type Whitworth, c'est-à-dire, celles dont le bâti porte en avant un chariot pouvant glisser verticalement, lequel chariot porte en haut et en bas les deux douilles dans lesquelles sont maintenus les tourillons du banc radial, restent encore parmi les meilleurs types, surtout pour les machines de grande puissance et qui demandent de longues portées. Celles exposées par

MM. Whitworth et Cie, et Sharp Stewart et Cie, ne présentent pas de différence bien importante à signaler. Une autre, plus parfaite dans sa combinaison et dans beaucoup de détails, est celle de MM. Smith et Coventry, à Manchester. Enfin, nous mentionnerons encore celle de MM. Fairbairn, Hulse, Hartmann et Zimmermann, qui toutes, présentent des qualités à peu près égales aux précédentes.

Dans la plupart de ces machines, ainsi que dans celles qui suivent, les douilles dans lesquelles tourne l'arbre porte-outil, sont ajustées à coins, de manière que le jeu produit par l'usure des pièces peut être facilement regagné sans nécessiter le démontage.

Machines fixes.

Les machines fixes à percer, qui nous ont paru les plus intéresantes, sont celles de MM. Hartmann et de MM. Sharp Stewart et Cie, qui présentent entre elles une grande analogie. Elles se composent d'un bâti vertical à la partie supérieure duquel se trouve placé l'ensemble des organes de la transmission de mouvement et du porte-outil, le plateau étant placé au-dessus et pouvant monter ou descendre au moyen d'un chariot coulissant sur ce bâti; ce plateau lui-même est radial, de manière que, sans démonter la pièce une fois fixée, on peut percer plusieurs trous les uns à côté des autres, et avoir la certitude qu'ils sont bien tous parallèles. L'embrayage des mouvements automatiques est ici parfaitement entendu, ainsi que le sont d'ailleurs toutes les autres parties. Dans la machine de M. Hartmann, l'embrayage des engrenages pour le changement de vitesse est tout à fait nouveau, et d'une facilité de manœuvre qui ne laisse rien à désirer; c'est le même que celui représenté pl. 2, dans le tour de M. W. Muir, dont nous parlerons plus loin; l'arbre qui porte les engrenages intermédiaires est légèrement excentré à ses deux extrémités, de sorte que si au moyen d'une manette ou poignée calée sur l'une d'elles, on fait faire à cet arbre un demi-tour, l'excentricité rapproche ou éloigne ces engrenages des premiers, et le contact se trouve établi ou détruit. Nous appelons l'attention des constructeurs sur ce moyen qui est le plus parfait qu'on ait employé jusqu'ici.

Les machines de MM. Whitworth, Smith et Coventry, Hulse, et quelques autres constructeurs, se rapprochent beaucoup de celles qui précèdent, et sont généralement établies sur le type primitivement adopté par M. Whitworth ; ainsi que nous l'avons dit pour les machines radiales, elles ont à peu près une égale valeur.

Les machines de ce genre exposées par M. W. Muir, à Manchester, diffèrent de ce type et sont caractérisées par des changements de détails assez importants. Ainsi, dans ses machines à plateaux mobiles, l'élévation ou l'abaissement de celui-ci se produit par l'action d'une noix ou pignon à trois dents cylindriques, sur une crémaillère verticale, de sorte qu'il ne faut qu'un effort très-faible pour faire monter ce plateau, et, de plus, il reste en place sans qu'il soit nécessaire d'avoir un arrêt spécial, attendu qu'il n'y a pas tendance à redescendre, quel que soit l'effort exercé dans ce sens. Par une disposition non moins ingénieuse, l'arbre porte-outil peut être presque instantanément relevé au moyen d'un levier, sans qu'il soit nécessaire d'arrêter la machine ni de changer le sens de la marche.

Une machine, spécialement destinée à percer les longerons des locomotives et autres pièces analogues, a été exposée par MM. Beyer et Peacock, à Manchester. Elle se compose d'un fort banc en fonte d'environ 7^m,50 de longueur, disposé pour recevoir les pièces à percer, et sur lequel sont placés trois systèmes de machines à percer semblables, pouvant marcher ensemble ou séparément, selon que l'on embraye ou non leurs pignons moteurs. Ces machines se meu-

vent à volonté dans le sens longitudinal du banc de fondation, tandis que l'outil de chacune peut se mouvoir dans le
sens transversal, en glissant sur le banc de chaque système
de machine à percer. En combinant ces deux mouvements,
on peut donc avec facilité faire présenter l'outil à chacun
des points de la pièce qu'il s'agit de percer.

Le mouvement est donné à l'ensemble par une courroie
passant sur une poulie fixée à l'une des extrémités d'un
arbre placé horizontalement par côté du banc, supporté
par deux douilles, et régnant dans toute la longueur de ce
banc. Cet arbre porte une cannelure dans laquelle glissent
les clavettes fixes de chacune des douilles des pignons, qui
transmettent ce mouvement aux machines à percer. Chaque
machine à percer forme un chariot, dont le coulisseau inférieur porte une chape qui embrasse la douille du pignon à
clavette fixe, dont nous venons de parler, de sorte que celui-ci suit toujours le mouvement de translation du chariot,
et conserve une position invariable par rapport au pignon
d'angle qu'il commande ; ce dernier est monté sur un petit
arbre placé horizontalement, dont la douille fait partie d'une
pièce en fonte embrassée par la chape du coulisseau, et
qu'il suffit de placer dans l'une ou l'autre de ses positions
extrêmes, pour que l'embrayage ait ou n'ait pas lieu. Un
cône placé sur le petit arbre dont il est question, commande
un autre petit cône monté sur l'arbre qui commande le
porte-outil au moyen de deux pignons d'angle, et comme
le chariot porte-outil doit marcher sur le banc transversal,
ce dernier arbre est cannelé dans toute sa longueur, et
le pignon qu'il porte glisse en portant une clavette fixe en-
gagée dans cette cannelure.

Le mouvement vertical est donné à chaque outil au
moyen d'un petit volant, dont l'arbre porte une vis sans fin
qui commande une roue de l'arbre, qui porte le petit pignon servant à faire monter ou descendre la crémaillère

reliée à l'arbre porte-outil. Ce mouvement est rendu automatique au moyen d'une courroie passant d'un petit cône monté sur l'arbre porte-outil, sur un autre petit cône monté sur l'arbre du volant, dont il vient d'être question. Le mouvement de translation de chaque chariot porte-outil est donné au moyen d'une vis qui conduit un écrou fixé à ce chariot. Enfin, le mouvement de translation des machines à percer est donné au moyen de deux petits pignons qui engrènent avec des crémaillères placées sur les côtés du banc de fondation.

Pour terminer ce qui nous reste à dire sur les machines à percer, nous mentionnerons un petit modèle en bois, d'une machine disposée pour percer en une seule opération, tous les trous des plaques de foyer des chaudières, et dont le principe permet de percer simultanément avec la même machine un nombre de trous indéterminé. Voici, en peu de mots, la description de l'idée principale qui en est la base :

Un nombre déterminé d'arbres, portant chacun un foret à son extrémité inférieure, et une petite manivelle à son extrémité supérieure, sont disposés verticalement dans un même bâti, de manière que chaque outil se présente en face du trou qu'il doit percer ; un même plateau réunit les boutons de toutes ces manivelles, et imprime à chacune le mouvement de rotation dont il est animé, et qui, dans le modèle dont nous parlons, est communiqué au moyen d'un excentrique.

Les forets recevant ainsi leur mouvement de rotation, et la plaque à percer étant placée convenablement sur un plateau que l'on fait monter graduellement au moyen d'une pression hydraulique, on arrive à percer ensemble tous ces trous avec une précision parfaite et sans qu'il soit nécessaire de les tracer préalablement. Reste à savoir maintenant si les services que peut rendre cette machine toute spéciale seraient en rapport avec le prix d'acquisition ; mais, quoique cela ne soit guère probable, au moins dans la généralité des cas, l'idée n'en est pas moins des plus ingénieuses et digne d'être signalée ici comme pouvant recevoir d'autres applications plus pratiques.

Machines à aléser.

Les grandes machines à percer, et plus particulièrement les machines radiales, tiennent le plus souvent lieu de machines à aléser verticalement, de sorte que celles-ci se construisent fort peu aujourd'hui ; aussi n'en avons-nous vu figurer qu'une seule à l'Exposition : celle de M. Fairbairn, nous ne la citons que pour mémoire. Les machines à aléser horizontalement sont aussi très-souvent remplacées par les tours, de sorte qu'elles sont beaucoup moins généralement répandues qu'on serait porté à le croire ; c'est d'ailleurs là ce qui explique leur petit nombre à l'Exposition. Nous ne parlerons que de celles exposées par M. Hartmann, et par MM. Crawhall et Campbell, de Glasgow.

La machine de M. Hartmann a la forme et l'aspect général d'un tour ; elle est remarquable surtout par l'ingénieuse combinaison d'engrenages au moyen desquels on peut très-facilement varier les vitesses et produire le retour rapide de l'outil, soit à la main, soit mécaniquement. Cette combinaison consiste dans la disposition d'une pièce appelée tête de cheval, placée en arrière de la poupée principale, et porte deux couples d'engrenages que l'on peut mettre alternativement en contact avec les pignons fixés, l'un sur la partie extérieure de l'arbre à douille du cône, l'autre sur la partie extérieure de la vis qui conduit le porte-lame. En embrayant le premier couple d'engrenages avec les deux dont il est question, il se produit deux mouvements différentiels et de même sens : celui de la douille du cône, et celui de la vis, de telle sorte que, tout en tournant, l'arbre porte-lame reçoit un mouvement d'avance. En embrayant, au contraire, le second couple avec les mêmes roues, la vis tourne en sens inverse de la douille du cône, et rappelle le porte-lame avec une vitesse beaucoup plus grande que celle avec laquelle il avait précédemment avancé. On effectue ces embrayages ou désembrayages en donnant à la tête de cheval une position déterminée, et qui se trouve maintenue en place par un levier à lame de ressort qui porte un goujon s'emmenchant dans un trou percé à cet effet dans la poupée. Nous retrouvons ici, pour le changement de vitesse, la même disposition que celle que nous avons signalée dans la machine fixe à percer du même constructeur, et qui contribue beaucoup au bon fonctionnement et à la simplicité de cette machine.

La machine exposée par MM. Crawhall et Campbell a été construite en vue de pouvoir aléser à de très-grands diamètres, et aussi, lorsque les cas se présentent, plusieurs cylindres parallèlement sur une même pièce, sans avoir à la démonter.

Elle se compose d'un banc en fonte sur lequel est placé un plateau destiné à recevoir les pièces à aléser, lequel plateau se meut longitudinalement au moyen d'un pignon engrenant avec une crémaillère, et transversalement, au moyen d'une vis, afin de pouvoir régler exactement la position des pièces à aléser, lorsqu'elles ont été fixées sur le plateau. A l'une des extrémités du banc est placé le corps principal de la machine, qui se compose d'un bâti en fonte portant les poulies, cônes et engrenages pour la transmission du mouvement, et un plateau à chariot pouvant se mouvoir verticalement et parallèlement à lui-même, au moyen de deux vis agissant chacune à l'une de ses extrémités. C'est ce plateau qui porte l'arbre à douille dans l'intérieur duquel passe la barre de l'alésoir, et qui porte le mouvement différentiel de l'avance de l'outil, le mouvement de rotation étant donné directement par cette douille. Enfin, à l'autre extrémité du banc, se trouve placé un support portant un coussinet que l'on règle au moyen d'une vis comme précédemment ; c'est ce coussinet qui supporte l'extrémité de la barre d'alésage.

Tours.

Les tours figurent à juste titre parmi les plus belles machines-outils de l'Exposition ; ce qui, en général, a le plus vivement frappé l'attention, c'est la force considérable donnée aux principaux organes, tels que les bancs, les poupées, les chariots, etc. Ces pièces, d'une apparence si puissante, de formes aussi simples que possibles, et le plus souvent sans nervures, sont généralement construites avec noyaux intérieurs et présentent une stabilité considérable, qui assure le bon fonctionnement des outils et empêche les vibrations qui les font brouter. Indépendamment de ce cachet de solidité que l'on connaissait déjà aux machines de provenance anglaise, et qui s'est encore montré plus accusé à cette Exposition, on remarque des perfectionnements d'ensemble et de détails, d'une valeur plus appréciable dans la pratique qu'au seul examen. Les arbres sont en général munis de portées qui permettent de regagner le jeu pris par l'usure des pièces ; les embrayages et débrayages se font d'une manière plus précise et plus simple ; enfin les transmissions de mouvements automatiques sont plus parfaites et plus généralement appliquées.

Parmi les tours à plateaux de grandes dimensions, nous signalerons, comme étant également recommandables, ceux exposés par MM. Beyer et Peacock, Sharp Stewart, Whitworth et Fairbrairn ; nous ne nous arrêterons pas sur les particularités qui caractérisent chacun d'eux, ce qu'il serait d'ailleurs difficile de faire sans le secours du dessin.

Parmi les tours parallèles, ceux de M. Fairbairn nous ont paru les plus irréprochables, bien que ceux des autres grands constructeurs que nous avons cités soient incontestablement d'un très-grand mérite.

Nous nous arrêterons à la description plus détaillée de celui exposé par M. W. Muir, et nous en donnons le dessin pl. 2, parce qu'il comporte un certain nombre d'organes entièrement nouveaux, et un agencement général qui mérite d'être indiqué plus en détail.

Comme dans tous les tours parallèles et à fileter, les principaux organes sont : la poupée fixe, la poupée mobile, et le chariot qui reçoit et conduit l'outil; ces organes sont placés sur un banc en fonte portant latéralement une crémaillère et une vis qui règnent dans presque toute la longueur de ce banc, et servent alternativement pour conduire le chariot. La construction de ce banc est à la fois simple et solide, suivant l'usage adopté par tous les meilleurs constructeurs, et il est monté sur quatre pieds, ainsi que l'indique d'ailleurs le dessin.

La poupée fixe est reliée au banc par deux boulons, ayant leurs têtes noyées dans le fond de cette poupée. L'arbre principal est monté sur des coussinets en acier, formés chacun d'une seule pièce qui est une bague conique intérieurement et extérieurement ; par cette disposition, les chapeaux et les coussinets à rebord sont supprimés, tandis que le jeu produit par l'usure se regagne de lui-même ; mais, bien que la buttée de cet arbre se fasse sur une pointe que l'on règle à volonté, il peut arriver parfois aussi que l'effort de poussée de l'arbre s'exerce sur les coussinets, circonstance dans laquelle le frottement produit par l'ajustage conique serait considérable ; hâtons-nous de dire, cependant, que ce cas ne doit jamais se rencontrer, lorsque le tour est bien conduit. Le cône moteur est monté librement sur cet arbre, et peut le commander, soit directement, soit indirectement, par l'emploi des engrenages intermédiaires, selon la vitesse à obtenir. Ces engrenages se composent d'un pignon et d'une roue montés sur une même douille en fonte, dans laquelle passe un arbre excentré à ses extrémités. Ici, nous retrouvons le mode d'embrayage que nous avons signalé dans les machines construites par M. Hartmann. Selon que l'on fait occuper à la partie excentrée de cet arbre, l'une ou l'autre de ses positions extrêmes, l'embrayage ou le désembrayage ont lieu ; ici le mouvement se donne au moyen d'une petite manette qui est maintenue dans sa position fixe par une vis qui l'arrête sur la poupée.

Le mouvement de l'arbre principal est transmis à la vis par une série d'engrenages que l'on change à volonté, selon les vitesses à obtenir. Pour cela, une roue est placée à l'une des extrémités de cette vis, et engrène avec un pignon porté par la tête de cheval, dont la position se fixe à volonté à l'aide d'une disposition aussi simple qu'ingénieuse ; ce pignon est monté sur l'axe d'une roue commandée à son tour par un autre pignon qui la fait tourner dans un sens ou dans l'autre, selon qu'il s'agit de faire aller ou revenir l'outil. On produit ce changement de direction par le simple changement de position de la manette qui fixe le support des pignons intermédiaires.

Le chariot qui porte l'outil est conduit, avons-nous dit, par une vis ou par une crémaillère, celle-ci fait avancer le chariot au moyen d'un petit pignon, dont l'arbre porte une manivelle, et sert, lorsqu'on a à régler la position de l'outil, avant de commencer une passe, ou à faire revenir le chariot par un mouvement rapide. Dans les autres cas, c'est-à-dire, lorsque l'outil travaille, c'est la vis qui doit conduire le chariot ; pour cela, on agit sur un levier qui fait rapprocher, par l'effet de deux boutons excentrés, les deux coquilles filetées qui viennent embrasser la vis et forment écrou, lequel écrou étant fixé au chariot, sert à le conduire. Au moyen d'un petit encliquetage très-simple, ce levier conserve toujours la position qui lui a été donnée.

Comme la vis dont il s'agit est d'une très-grande longueur, on a disposé deux supports pour la soutenir vers son milieu ; le passage de l'écrou rendant impossible l'emploi de supports fixes, on a imaginé de placer deux supports qui peuvent s'abaisser alternativement au moment du passage de l'écrou, à l'endroit où ils maintiennent la vis. Pour cela, on a fixé au-dessous de la plaque du chariot qui descend en avant, une pièce de fonte dentée à ses deux extrémités, et dont l'action est telle que, lorsque la partie d'avant vient rencontrer les dents du pignon de l'un des deux supports, elle le fait descendre, tandis que la partie dentée d'arrière le fait remonter. Par ce moyen, il y a toujours au moins un support en contact avec la vis.

Nous signalerons un dernier point très-important : c'est la disposition par laquelle on peut retirer l'outil très-rapidement, lorsqu'une passe est achevée, et le replacer ensuite, sans tâtonnement, dans une position d'avance déterminée. Ceci s'obtient par l'action de deux vis filetées dans le même sens et de pas différents, de telle sorte que l'une d'elles, qui à chaque fois fait une révolution, retire l'outil d'une quantité constante, tandis que l'autre sert à donner à chaque fois l'avance que l'on veut faire prendre à l'outil, et qui correspond, par conséquent, à la profondeur de la passe.

Machine à rayer les canons.

Nous parlons ici de cette machine, surtout à cause de son principe qui est d'une application toute nouvelle, et dont les résultats donnent un travail de la plus grande perfection. C'est de la combinaison de deux mouvements, l'un de translation longitudinale et l'autre de rotation, que résulte le mouvement hélicoïdal de l'outil. La même chose se passe dans toutes les machines à fileter ; mais la différence est très-grande dans la manière dont ces mouvements sont produits. Ici la translation est produite par le mouvement de rotation d'une vis, dont l'écrou conduit le chariot porte-outil ; et le mouvement de rotation de l'outil est donné par la translation d'une crémaillère agissant sur un pignon monté sur l'arbre porte-outil, cette translation étant elle-même engendrée par le contact constant de deux galets fixés à la crémaillère, sur les côtés d'une barre inclinée selon la pente du pas de l'hélice.

La machine qui a figuré à l'Exposition a été exposée par MM. Smith Tannett et Peacock, à Manchester ; elle se compose d'une longue plaque de fondation sur laquelle sont montés les supports qui doivent fixer les canons à rayer, et un banc en fonte qui porte tout le mécanisme de cette machine. La transmission du mouvement est placée à l'une des extrémités de cette plaque, sur deux chaises en fonte qui ne font pas corps avec elle.

Les mouvements qu'il s'agit de donner pour exécuter le rayage des canons sont au nombre de trois : 1° l'avance de l'outil ; 2° la rotation lente de cet outil ; 3° la rotation angulaire du canon, qui doit s'exécuter à chaque passe pour que celle-ci puisse avoir une section bien déterminée.

L'outil est monté à l'extrémité d'un long porte-lame, et est conduit par un palier à plusieurs collets, solidement fixé sur le chariot qui se meut sur le banc et reçoit son mouvement par l'action de la vis, ainsi que nous l'avons dit ; l'autre extrémité du porte-lame porte un pignon, qui tourne forcément, lorsque la crémaillère avec laquelle il est engrené avance transversalement par l'action de la barre inclinée dont il a été question. Cette barre est placée à côté du banc et portée par trois supports, elle s'incline à volonté, selon le pas de la rayure, au moyen d'un petit volant monté sur une vis qui conduit l'extrémité de la barre à laquelle se trouve attaché son écrou.

Cette machine est disposée pour marcher avec des mouvements complétement automatiques ; les barres qui produisent cette automacité sont placées en avant du banc, et portent des arrêts à leurs extrémités, de manière qu'en arrivant à la fin de sa course, le chariot de l'outil opère un changement de position des leviers, d'où résulte un changement de marche complet de toutes les parties de la machine.

Machines à mortaiser.

Les machines à raboter verticalement, désignées jusqu'ici sous le nom de machines à mortaiser, n'ont pas présenté, au même degré, les caractères de nouveauté et de perfectionnements que nous avons constatés pour les autres machines. La plupart des grands constructeurs dont nous avons parlé ont bien exposé des machines de ce genre ; mais, soit qu'elles aient, depuis un certain nombre d'années, atteint un degré de perfection qu'elles ne sauraient de beaucoup dépasser, soit que les machines à mortaiser à outil tournant, plus récemment construites, aient ouvert une voie nouvelle à ce genre de machines, toujours est-il que, tout en appréciant leur valeur réelle, nous n'avons rien pu trouver qui soit à la fois bien nouveau et intéressant. Les machines avec retour rapide de l'outil et mouvements automatiques avaient déjà paru à l'Exposition de 1855, à Paris, et celles exposées alors par M. Whitworth restent encore parmi les meilleurs modèles d'aujourd'hui.

Nous ne nous occuperons ici que des machines à outil tournant, généralement appelées machines à fraiser les cannelures, et dont les résultats donnent une plus grande perfection, une plus grande promptitude et une plus grande économie dans l'exécution du travail. Parmi ces dernières, celle de MM. Sharp Stewart et Cie, dont nous donnons le dessin, est certainement la plus intéressante, et celle qui, à notre avis, laisse le moins à désirer.

Comme toutes les autres machines du même genre, on peut l'employer également pour percer, aléser, faire les mortaises et les cannelures, et même planer des surfaces assez étendues. Elle se compose d'un banc en fonte sur lequel est placée la poupée qui porte l'outil et les organes de son mouvement ; cette poupée coulisse dans le sens longitudinal du banc par l'action d'une bielle qui la relie avec le bouton de manivelle d'un plateau avec lequel une roue d'engrenage ovale est venue de fonte, un pignon rond, mais dont l'axe est excentré, commande cette roue ovale, et il en résulte un mouvement qui accélère ou retardé celui du bouton de manivelle, de manière à ce que le mouvement de la poupée devienne plus uniforme. Le pignon dont nous venons de parler reçoit son mouvement par l'intermédiaire d'un engrenage à vis sans fin, auquel il est communiqué par deux petits cônes dont l'un est monté sur l'arbre moteur.

Le mouvement de rotation de l'outil est donné au moyen de deux paires de pignons d'angle, dont l'un est placé sur l'arbre du cône moteur et peut glisser longitudinalement sur cet arbre pour commander la poupée dans toutes ses positions.

Le mouvement de descente de l'outil est communiqué par l'action d'un petit pignon sur une crémaillère dans laquelle passe l'arbre porte-outil. On peut donner ce mouvement, soit à la main, à l'aide de deux petits volants placés aux extrémités de l'arbre du pignon, soit mécaniquement et de deux manières différentes, selon que l'on veut obtenir une descente lente ou rapide. On emploie la descente rapide pour percer, aléser ou pour faire de courtes cannelures ;

elle est produite par l'action des deux engrenages à vis sans
fin placés aux extrémités de l'arbre oblique de transmission, lorsque l'on fait commander la vis du bas par les
deux petits cônes. La descente lente s'emploie, au contraire,
quand il s'agit de faire des mortaises longues, de planer
des surfaces étendues et généralement quand la poupée a
une grande course ; il est communiqué au moyen d'un système d'encliquetage qui agit sur l'arbre oblique, les leviers
recevant leur mouvement d'une touche placée au-dessous
de la roue ovale, qui à chaque tour détermine l'avance de
l'outil d'une quantité déterminée.

Pour ce qui est des pièces à travailler, elles se fixent sur
un plateau à rainures, porté sur une console placée en
avant du banc ; le plateau peut se mouvoir transversalement au banc, au moyen d'une vis de chariot ordinaire,
et la console peut se hausser ou se baisser, également au
moyen d'une vis, de sorte que l'on a toute facilité pour
bien placer la pièce par rapport à l'outil.

Les autres machines à faire les cannelures, et qui servent aux mêmes usages que celle qui précède, sont celles
de MM. Whitworth, et Shanks et Cie, de Londres. La première, quoique différente de celle de MM. Sharp Stewart
et Cie, présente une grande analogie avec elle, au moins
dans l'idée générale.

C'est de même que tout à l'heure une poupée qui se
meut sur un banc et conduit l'outil dans le sens de la passe
à effectuer, tout en lui communiquant son mouvement de
rotation ; de même encore, le mouvement est pris sur l'arbre du cône moteur, par un pignon à douille portant une
clavette fixe qui coulisse dans la cannelure longitudinale de
l'arbre. La poupée est conduite par l'intermédiaire d'une
bielle attachée au bouton de manivelle que l'on règle à
volonté sur le plateau moteur ; celui-ci porte une roue
d'engrenage circulaire et diffère du précédent en ce qu'il

n'y a aucune disposition prise pour rectifier le mouvement de l'outil.

La poupée dont nous parlons diffère essentiellement de la précédente, elle peut se mouvoir à la fois longitudinalement et transversalement par rapport au banc. Il n'est donc plus utile d'avoir un plateau à coulisse pour le fixage des pièces à travailler, qui se fait directement sur la console, qui peut se hausser ou se baisser facilement. De même que dans le cas précédent, tous les mouvements sont automatiques, et la plupart peuvent, au besoin, être donnés à la main.

Les machines de Sharp Stewart, et de Whitworth, dont nous venons de parler, sont construites simples ou doubles, c'est-à-dire, portant un ou deux outils. Les machines doubles ont cet avantage de donner une grande facilité pour l'arrangement des pièces longues et de pouvoir travailler en même temps deux parties différentes d'une même pièce, sans avoir à la déplacer, d'où résulte une économie de temps, de main-d'œuvre et une plus grande précision dans le travail.

Il nous reste quelques mots à dire sur la machine de M. Shanks qui a déjà figuré à l'Exposition de 1855, et qui fonctionne dans plusieurs ateliers de France. Elle est la seule qui soit établie avec outils horizontaux, et diffère complétement des autres, quoiqu'elle satisfasse exactement aux même conditions par des moyens analogues en principe.

Elle se compose d'un banc en fonte aux extrémités duquel se trouvent placées deux poupées pour le serrage et le fixage des pièces ; sur ce banc se meut un chariot qui porte deux outils placés en regard l'un de l'autre et qui travaillent en se rapprochant de manière à attaquer sur les deux faces opposées, la pièce à percer ou à mortaiser. Le mouvement de translation du chariot et, par conséquent, des outils, est donné, comme dans les cas précédents, par une bielle commandée par un bouton de manivelle fixé sur un plateau ; ici le mouvement est donné à ce plateau par deux roues d'engrenage ovales, qui ont pour but de rendre la translation des outils plus uniforme. Le mouvement de rotation est donné aux outils par une courroie passant sur les cônes fixés à leur arbre. On trouvera dans l'article de M. Tresca, dont il a déjà été question, des indications plus précises sur cette intéressante machine.

Machines à raboter.

Les machines à raboter, qui ont paru à l'Exposition de 1855, avaient acquis un degré de perfection tel qu'on ne pouvait guère s'attendre à des changements bien importants. Bien que des améliorations de détail aient été apportées en beaucoup de points, on peut dire que les types sont restés les mêmes ; aussi n'entrerons-nous pas dans de grands détails sur ces machines qui sont d'ailleurs assez généralement connues. Le type Whitworth est encore celui auquel le plus grand nombre des autres viennent se rapporter ; le plateau qui reçoit la pièce à travailler est conduit par une vis agissant sur un écrou fixé en-dessous de ce plateau ; et comme il n'y a pas de disposition spéciale pour en obtenir le retour rapide, les outils sont disposés de manière à travailler pendant la marche du plateau, à l'aller comme au retour. Il suffit pour cela de faire faire un demi-tour aux outils à la fin de chaque course, de telle sorte qu'ils viennent toujours se présenter dans le sens nécessaire.

Pami les machines de M. Fairbairn, celle du plus grand modèle était surtout remarquable par la disposition de trois outils : deux pour raboter horizontalement au-dessus du plateau, le troisième pour raboter latéralement des surfaces verticales ou peu inclinées. Ici les outils sont fixes et ne travaillent que pendant une course du plateau, ce qui en nécessite le retour rapide ; ce plateau est conduit par un pignon qui engrène avec une crémaillère à dents inclinées placée en dessous. Cette différence avec la machine Whitworth a ses avantages et ses inconvénients ; d'un côté, le frottement et, par conséquent, le travail absorbé est moins grand ; de l'autre, la moindre irrégularité dans le contact des dents produit des secousses, presque imperceptibles, il est vrai, mais dont le résultat est de donner un rabotage moins net.

M. Zimmermann a aussi exposé une machine qui se rapproche de cette dernière et qui est surtout très-remarquable par le bon agencement des outils.

Il nous reste à examiner l'autre genre de machines à raboter, plus particulièrement désignées sous le nom d'étaux-limeurs universels. Les machines colossales exposées par MM. Whitworth et Sharp Stewart sont assurément les plus puissantes et les mieux disposées pour la stabilité générale, et la facilité qu'elles présentent pour la bonne exécution du travail ; la précision des mouvements qui peuvent être rendus complétement automatiques, ne laisse rien à désirer. Mais de même que celles qui précèdent, ces machines ne présentent rien de bien saillant en dehors de ce qui avait déjà paru en 1855. Le retour rapide de l'outil, tel qu'il avait été appliqué d'abord par Whitworth, est encore conservé, et à part d'heureuses additions secondaires, surtout dans la machine de Sharp Stewart, nous les retrouvons à peu près ce qu'elles étaient à cette époque. Les mêmes modèles se trouvent exactement reproduits chez les constructeurs allemands, dont nous avons parlé déjà.

Deux constructeurs anglais, MM. W. Muir et Smith Coventry, ont exposé des étaux-limeurs établis sur des types différents des précédents ; mais bien qu'ils soient parvenus à construire ces machines d'une manière plus simple, et, conséquemment, à un prix moins élevé, elles ne présentent pas une plus grande facilité d'emploi, ni un fonctionnement plus avantageux ; et pour de puissantes machines, nous préférons encore celles qui précèdent.

Enfin , nous terminerons en mentionnant , d'une manière plus particulière, celle qui a figuré dans la section suédoise, et qui a été exposée par M. Bolinder, à Stockholm.

Comme l'étau-limeur du type Whitworth, elle se compose d'un banc en fonte, portant en avant des plateaux à console pour le fixage des pièces à travailler. Ce banc est plus long que ceux des machines des autres constructeurs, et porte aussi en son milieu un mandrin universel, servant aux mêmes fins, tandis que le chariot qui porte l'outil, et les divers organes de son mouvement ; se meut en coulissant sur ce banc. Ce qui caractérise le plus la machine dont nous parlons, et qui la place à part parmi les autres, c'est la disposition très-ingénieuse , qui permet de raboter dans le sens longitudinal du banc, en même temps que l'on peut raboter dans le sens transversal, comme dans les autres machines. Elle peut donc travailler, d'une part, comme machine à raboter à longue course, et, de l'autre, comme simple étau-limeur, tout en restant encore extrèmement simple.

Machines à façonner les écrous.

Parmi les machines de cette espèce, la plus nouvelle et la plus intéressante est certainement celle construite par MM. Hartmann et Zimmermann, et qui est spécialement destinée à enlever des écrous à 6 pans dans des barres de fer laminé à section hexagonale. Par son emploi, on évite d'être obligé de forger les écrous séparément, et, par conséquent, des déchets assez considérables. La barre de fer étant placée dans la poupée de la machine, se trouve tout à la fois coupée en tranches, correspondant à l'épaisseur que l'on veut donner aux écrous, et percée en son juste milieu, par un foret qui donne un trou de dimension constante. Il n'est donc pas nécessaire de tourner ensuite les écrous pour les dresser, et la netteté du trou est un grand avantage au point de vue de la conservation des tarauds.

Les prix de revient établis par les constructeurs font voir qu'il résulte de l'emploi de cette machine une grande économie de fabrication. Lorsqu'il s'agit d'obtenir des écrous rabotés sur toutes les faces, on peut, au lieu de les tailler séparément, raboter préalablement les barres à découper, et obtenir ainsi des écrous complétement terminés, sauf le taraudage.

Les mêmes constructeurs ont aussi un modèle de machine à tailler les écrous, le meilleur qui ait paru à l'Exposition. Elle est construite sur le principe des petites machines à raboter verticalement, et se compose d'un bâti en fonte portant à sa partie supérieure une glissière, que conduit un excentrique monté sur l'arbre moteur. Cette glissière porte un petit chariot sur lequel sont montés deux porte-outils, pouvant se rapprocher ou s'éloigner, selon la distance qui correspond à la largeur entre les faces de l'écrou, au moyen d'une vis filetée en sens contraire à ses deux extrémités. Les outils s'éloignant ou se rapprochant du centre de quantités égales, l'ouvrier n'est pas obligé de régler chaque fois la position de l'écrou, et à chaque passe, on dresse deux faces opposées bien parallèlement.

L'écrou à tailler est placé sur un petit mandrin fixé au centre d'un plateau, qui s'avance par un mouvement automatique dans le sens du rabotage, et une fois la passe finie, il suffit de sortir à la main une cheville qui sert au fixage, et de la placer dans le trou qui vient se présenter en face, lorsqu'on fait tourner le plateau d'un sixième de tour, pour avoir la position à donner à l'écrou pour la passe suivante.

On construit également des machines doubles du même genre, lesquelles portent deux plateaux et deux glissières, ce qui permet de tailler deux écrous à la fois. La machine, ainsi construite, reste encore très-simple et d'un prix peu élevé, elle est aussi très-facile à surveiller.

La machine à tailler les écrous à molettes, exposée par M. Whitworth, est assez intéressante, mais ne présente aucune particularité nouvelle; elle est assez généralement répandue pour que nous nous abstenions d'entrer dans aucuns détails à son sujet. On la trouvera d'ailleurs dans plusieurs publications industrielles.

Machines à tarauder.

Les machines à tarauder ont présenté quelques types intéressants et nouveaux, bien supérieurs à ceux qui les ont précédés. Celle qui doit être placée en premier rang a été exposée par MM. Sharp Stewart, elle est du système de M. Sellers, et pour plus de détails, nous en donnons le dessin, pl. 3.

Elle se compose d'un banc en fonte, portant en arrière une douille d'un grand diamètre, dans laquelle passe une autre douille, dont la partie antérieure forme la partie fixe de la filière, l'autre partie de cette filière étant formée par la tête d'un arbre creux en fonte ajusté dans la douille qui précède. La pièce à tarauder étant fixée dans le support qui est placé à l'avant de la machine, entre dans la filière, et se taraude, quand les coussinets se trouvent serrés, tandis qu'elle est abandonnée librement, lorsqu'ils sont desserrés.

Le mode de serrage et de desserrage des coussinets est la partie la plus intéressante de la machine : une roue d'engrenage est calée sur l'extrémité postérieure de la seconde douille; une autre roue d'un diamètre un peu plus grand est placée à côté et calée sur l'arbre en fonte. Ces deux roues étant commandées par deux pignons placés sur l'arbre inférieur qui porte le cône moteur, se meuvent d'un mouvement différentiel, lorsque ceux-ci sont rendus solidaires, et c'est ce mouvement différentiel qui effectue le serrage ou le desserrage des coussinets. Le plus petit pignon est fou sur son arbre, tandis que l'autre y est fixe, bien qu'il puisse se déplacer longitudinalement en glissant sur une clavette fixe, et ils sont rendus solidaires au moyen d'un embrayage à cônes, qui produit une friction suffisante, lorsqu'on agit sur le levier, dont la fonction est de les tenir éloignés, lorsqu'il est abandonné à lui-même, et de les mettre en contact, lorsqu'on agit sur la poignée.

Tant que le levier est abandonné à lui-même, les roues tournent ensemble, parce que les dents placées sur les moyeux de chaque roue se touchent et les rendent solidaires; la filière est alors serrée et le pignon fou tourne librement sur son arbre. Mais dès que l'embrayage est produit, les deux pignons deviennent solidaires à leur tour et font tourner les roues, de manière à ce que les dents des moyeux, d'abord en contact, s'éloignent, et le desserrage de la filière se produit, sans qu'il ait été nécessaire d'arrêter la machine ni de la faire tourner en sens contraire ; on retire alors la pièce taraudée pour en replacer une autre (1).

Les autres machines à tarauder, qui donnent les meilleurs résultats, sont celles de MM. Smith Coventry, Shanks, Glasgow et Whitworth.

Machines à tailler les engrenages.

La meilleure machine de ce genre est celle exposée par M. Whitworth. Elle peut également servir à tailler les roues droites, les roues d'angle et les roues à dents inclinées, sans pour cela présenter la moindre difficulté d'emploi, ni entraîner dans une trop grande complication de système.

---

(1) La profondeur du taraudage se limite d'elle-même, et se règle par la position que l'on donne à l'aiguille indicatrice.

Elle se compose d'un banc en fonte portant à l'une de ses extrémités les divers organes qui supportent l'outil et lui communiquent ses divers mouvements ; sur ce banc est encore placée une poupée à chariot qui est destinée à supporter les roues à tailler, et à leur donner les divers mouvements nécessités pour l'exécution du travail.

Les divers mouvements de l'outil sont : 1° le mouvement de rotation pour que cet outil, qui est une molette ayant pour section extérieure la forme à donner à la dent, puisse couper facilement la matière ; 2° le mouvement de translation de cette molette dans le sens horizontal parallèlement à l'axe du mandrin qui porte la roue, employé, lorsqu'il s'agit de tailler des roues droites ; 3° le mouvement de translation dans le sens de l'inclinaison à donner aux dents des roues d'angle ; 4° le mouvement oblique de la molette pour tailler des roues à dents inclinées quelconques ; 5° enfin le mouvement vertical de cet outil pour bien régler sa position avant de commencer.

Tous ces mouvements s'obtiennent avec la plus grande précision et une grande facilité ; ils sont pour la plupart automatiques, de sorte que la machine, après avoir été convenablement réglée, n'exige de l'ouvrier que le soin de tourner la roue à tailler, d'une division chaque fois qu'une dent est terminée. Ce mouvement à donner à la roue s'obtient au moyen d'une manivelle calée sur un arbre qui porte à son autre extrémité une roue d'engrenage, qui peut être changée à volonté, ainsi que celles qu'elle commande, selon la division à obtenir. Par cette transmission, le mouvement est donné à un arbre placé horizontalement le long du banc et qui est rainé dans toute sa longueur, de manière à pouvoir commander, dans toutes ses positions, la vis sans fin à clavette fixe, qui agit sur une roue montée sur l'arbre ou mandrin universel. Afin d'avoir moins à multiplier les engrenages de rechange, la manivelle s'enclenche sur un cercle portant quatre dents d'arrêt, ayant pour effet d'indiquer les quarts de tour faits par la manivelle, et dispense d'avoir des engrenages spéciaux pour les nombres de dents multiples de deux ou de quatre.

Machines à tailler les molettes.

On comprend généralement trop peu, dans les ateliers de construction, la grande importance de ces machines, qui ne semblent pas d'une grande nécessité là où l'emploi des molettes-outils est à peine connu. Elles sont, du reste, toutes récentes et fort peu répandues, leur simplicité, comme leurs faibles proportions, n'attirent point l'attention générale en raison de leur importance réelle.

Cependant, il faut bien reconnaître que, si par l'emploi de ces machines, on peut obtenir des molettes parfaitement exécutées, d'une manière aussi économique que les menus outils les plus communs; on n'aura plus à reculer devant l'emploi de la molette qui donne des résultats si satisfaisants, mais qui jusqu'alors a été d'un prix de revient trop élevé et d'une exécution trop imparfaite.

Pour tailler les engrenages, par exemple, si l'on a une molette, dont la section soit exactement celle de l'espace qui doit séparer deux dents consécutives, et que l'on place cet engrenage en pointes sur un banc de tour, ou mieux sur une machine analogue à celle que nous venons de décrire, on sera forcé de reconnaître que le travail ainsi obtenu sera, non-seulement bien plus parfait, mais aussi plus économique qu'il ne le serait par l'emploi de tout autre outil. La grande question est donc surtout dans le prix de revient et la bonne confection des molettes.

Le prix de revient des molettes taillées à l'aide des machines, dont nous allons parler, est presque insignifiant; il ne dépasse pas celui d'un foret ou d'un outil quelconque de même dimension, et, néanmoins, elle a sur ceux-ci l'avantage de durer plus longtemps, et de pouvoir se réparer aussi facilement, lorsqu'elle est émoussée.

Dans quelques–unes des principales maisons de construction, en Angleterre, on préfère fondre les couronnes massives
des engrenages pour tailler ensuite dans la masse, lorsque
ces dents doivent être faites avec quelque soin, et qu'elles
n'atteignent pas de trop grandes dimensions. Ce procédé
qui, chaque jour, gagne du terrain dans les ateliers, mérite
certainement d'être propagé, et donne le plus souvent des
résultats très–économiques ; souvent mêmes des roues,
ainsi taillées et parfaitement soignées, ne coûtent pas plus
cher que d'autres semblables au moment où elles sortent
du sable. Dans tous les cas, les modèles sont singulièrement
simplifiés, et l'on évite ainsi des dépenses relativement
très-grandes, quand il n'y a pas un certain nombre de
pièces à fondre sur le même modèle.

Il n'a figuré que deux machines de ce genre à l'Exposition :
celle exposée par M. Whitworth est la plus simple, et présente de très–ingénieuses dispositions dans les divers mouvements. En principe, elle se compose d'un petit banc en fonte
portant une poupée sur laquelle on fixe le disque d'acier
qui doit être taillé, et qui a été préalablement tourné suivant
le profil que doit avoir la molette ; sur ce banc sont également placés deux chariots que l'on peut manœuvrer à la
main, de manière à faire avancer, en suivant le profil déterminé, l'outil tournant qui coupe la matière.

La poupée qui porte les molettes à tailler porte un petit
plateau divisé, à l'aide duquel on règle la division des dents
des molettes. L'outil tournant, dont nous venons de parler,
est une petite molette en forme de cône tronqué, montée
sur un arbre vertical et animée d'un mouvement de rotation
très-rapide, communiqué par une corde qui s'enroule autour d'un palier à gorge placée sur cet arbre. On peut aussi
incliner cet arbre de manière à avoir des dents inclinées ;
c'est, du reste, à peu près le même principe que celui de
la machine précédente, sur lequel on a basé les divers
mouvements de cet outil. L'ouvrier, une fois sa pièce bien

placée, n'a qu'à conduire son outil de manière à bien suivre le contour indiqué, et il y arrive facilement en combinant les deux mouvements des chariots qui portent l'outil. On arrive ainsi à exécuter dans quelques minutes un outil parfait qu'il eût été presque impossible de faire autrement.

L'autre machine de ce genre est celle exposée par M. Fairbairn; elle est un peu plus compliquée, mais aussi peu volumineuse que celle dont nous venons de parler. Ce qui la caractérise surtout, c'est une disposition de leviers, au moyen desquels l'ouvrier fait suivre à l'outil une direction exactement déterminée par un gabarit, qui a la forme amplifiée de celle que doit avoir la molette.

Nous avons terminé cette notice par ces quelques mots sur l'emploi et la fabrication des molettes-outils, parce que nous avons pu juger avec connaissance de cause les avantages qui en résulteront, lorsque leur emploi sera généralement répandu. Nous avons cité souvent les constructeurs anglais, parce que chez eux surtout les machines jouent le rôle le plus important dans les ateliers, et nous savons quelle est la perfection qui en résulte. Cela leur a permis d'exécuter les machines qui ont été si admirées à l'Exposition. Nous avons cité souvent aussi quelques constructeurs allemands, parce qu'ils ont su s'approprier les meilleurs modèles de machines, et les construire plus économiquement que les autres. Si, enfin, nous avons si peu parlé des constructeurs français, c'est que, quelle qu'en soit la raison, d'ailleurs, ils n'étaient point représentés aussi avantageusement à cet immense concours; espérons que dans ceux qui vont suivre, il n'en sera pas de même, et que les éloges seront plus partagés.

TABLE DES MATIÈRES

Saint-Nicolas, près Nancy. — Imp. de P. Trenel.

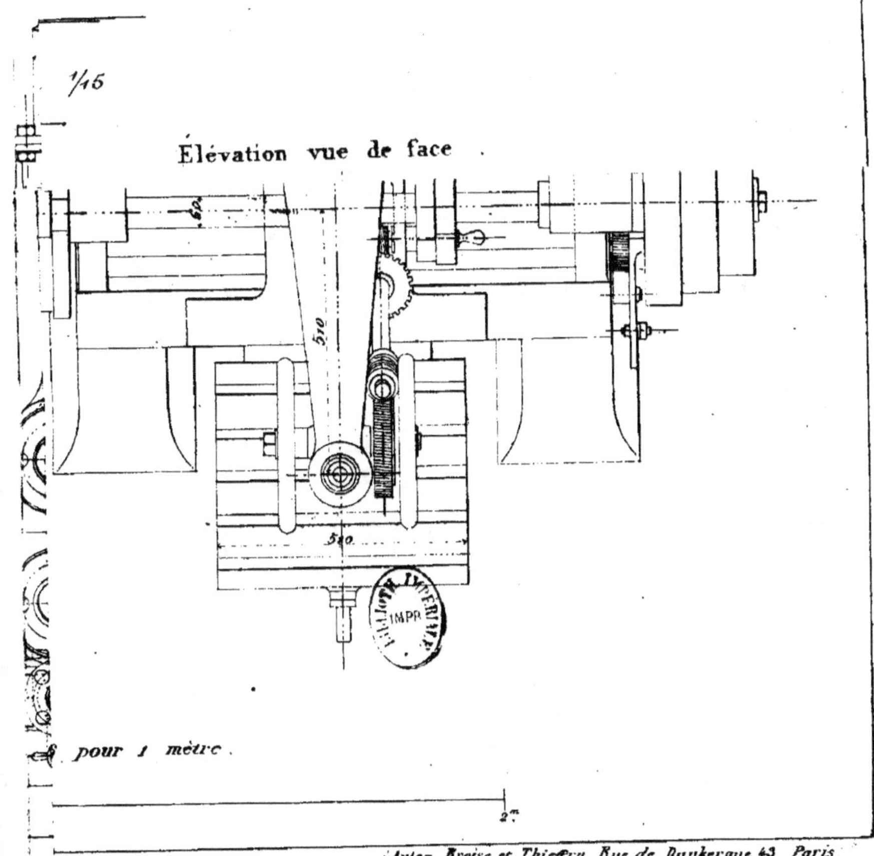
ES MORTAISES .
et C.ie à Manchester .
1/45
Élévation vue de face .
pour 1 mètre .

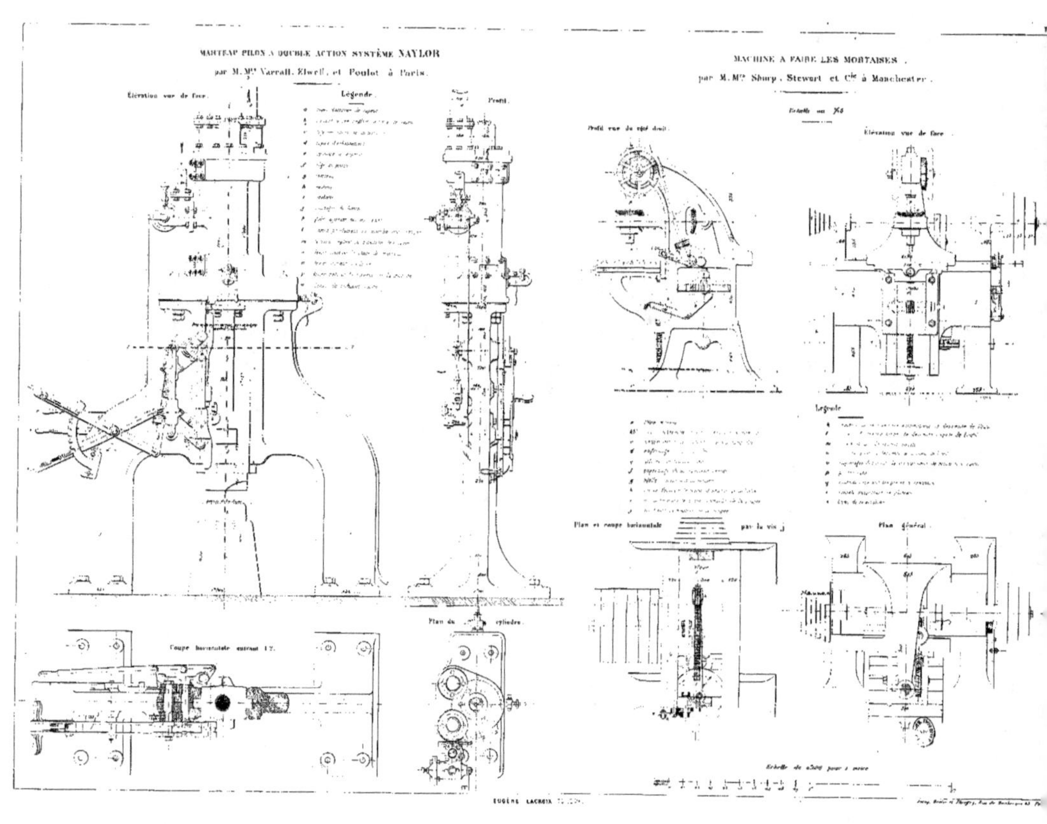

MARTEAU PILON A DOUBLE ACTION SYSTÈME NAYLOR
par M. M.rs Varrall, Elwell, et Poulot à Paris.
Élévation vue de face.
Légende.
Profil.
Coupe horizontale suivant 17.
Plan du cylindre.

MACHINE A FAIRE LES MORTAISES.
par M. M.rs Sharp, Stewart et Cie à Manchester.
Échelle au 1/5
Profil vue du côté droit.
Élévation vue de face.
Légende.
Plan et coupe horizontale par la vis j.
Plan général.
Échelle de 0,002 pour 1 mètre

EUGÈNE LACROIX

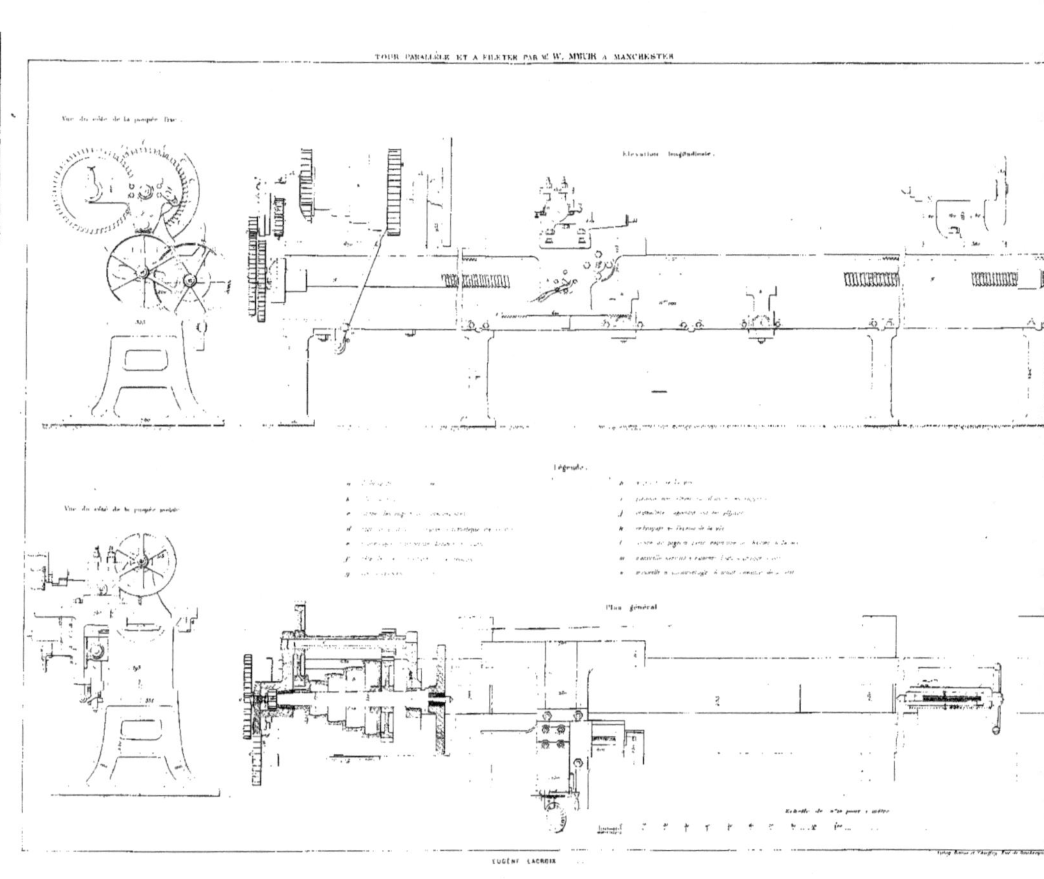
Vue du côté de la poupée fixe.
Élévation longitudinale.
Vue du côté de la poupée mobile.
Légende.
Plan général.
Échelle de 0m,20 pour 1 mètre.
EUGÈNE LACROIX

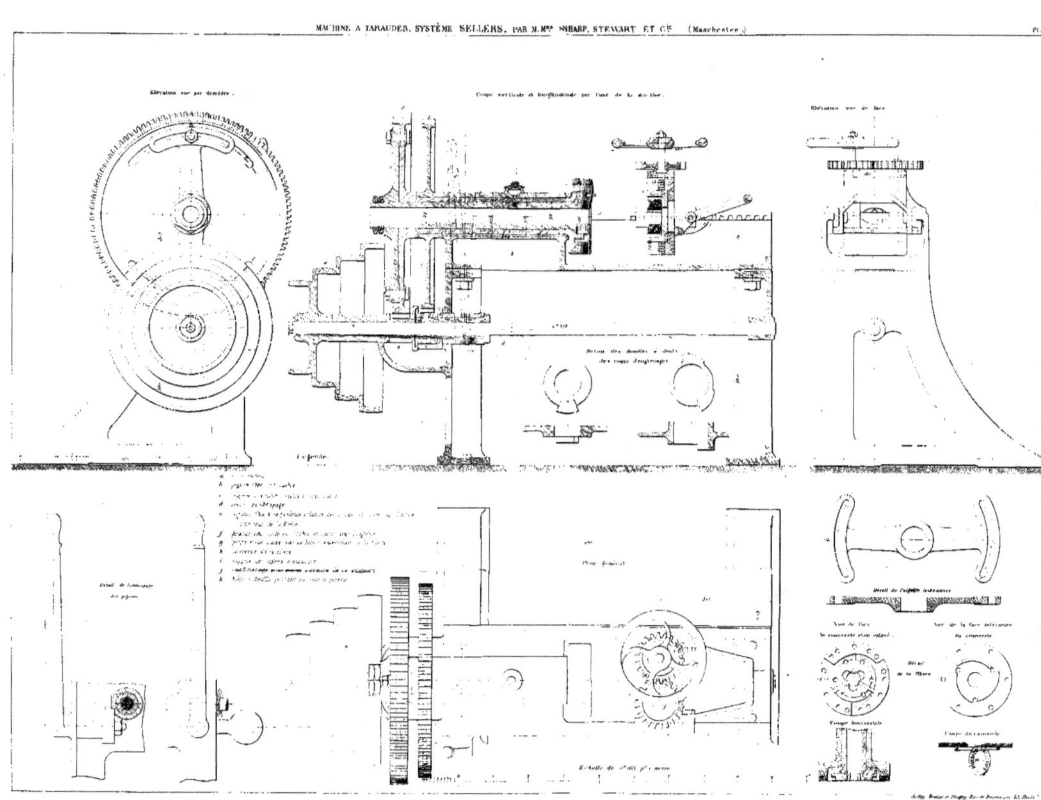

Élévation vue par derrière.
Coupe verticale et longitudinale par l'axe de la machine.
Élévation vue de face
Légende.
Détail des denoisis à droite des coups longitrimpés
Détail de l'emboitage des pignons
Plan général
Détail de l'obtetts tailleames
Vue de face
le converele étant enlevé
Vue de la face intérieure du couvercle
Détail de la filière
Coupe horizontale
Coupe du couvercle
Echelle de 0,05 pⁱ 1 metre
EUGÈNE LACROIX Éditeur

www.ingramcontent.com/pod-product-compliance
Lightning Source LLC
LaVergne TN
LVHW021757170726
843503LV00007B/2895